February

For Lena

Also by Andrey Kneller:

Wondrous Moment: Selected Poetry of Alexander Pushkin

Evening: Poetry of Anna Akhmatova

Rosary: Poetry of Anna Akhmatova

White Flock: Poetry of Anna Akhmatova

Final Meeting: Selected Poetry of Anna Akhmatova

My Poems: Selected Poetry of Marina Tsvetaeva

Backbone Flute: Selected Poetry of Vladimir Mayakovsky

The Stranger: Selected Poetry of Alexander Blok

Unfinished Flight: Selected Poetry of Vladimir Vysotsky

O, Time…: Selected Poetry of Victoria Roshe

Discernible Sound: Selected Poetry

Table of Contents

Boris Pasternak

Selected Poetry

1912-1959

Февраль

Февраль. Достать чернил и плакать!
Писать о феврале навзрыд,
Пока грохочущая слякоть
Весною черною горит.

Достать пролетку. За шесть гривен,
Чрез благовест, чрез клик колес,
Перенестись туда, где ливень
Еще шумней чернил и слез.

Где, как обугленные груши,
С деревьев тысячи грачей
Сорвутся в лужи и обрушат
Сухую грусть на дно очей.

Под ней проталины чернеют,
И ветер криками изрыт,
И чем случайней, тем вернее
Слагаются стихи навзрыд.

1912

February

Oh, February. To get ink and sob!
To weep about it, spilling ink,
While raging sleet is burning hot
Like in the blackness of the spring.

To rent a buggy. For six grivnas,
Amidst the church-bells, clanking wheels,
To steer it where a shower drizzles
Much louder than ink and tears.

Where thousands of rooks fall fast,
Like charcoaled pears to their demise
And as they hit the puddles, cast
Dry sadness to depths of eyes.

Beneath – thawed patches now appear,
The wind is furrowed by the yelling.
New poems are composed in tears, -
The more unplanned, the more compelling.

1912

Венеция

Я был разбужен спозаранку
Щелчком оконного стекла.
Размокшей каменной баранкой
В воде Венеция плыла.

Все было тихо, и, однако,
Во сне я слышал крик, и он
Подобьем смолкнувшего знака
Еще тревожил небосклон.

Он вис трезубцем Скорпиона
Над гладью стихших мандолин
И женщиною оскорбленной,
Быть может, издан был вдали.

Теперь он стих и черной вилкой
Торчал по черенок во мгле.
Большой канал с косой ухмылкой
Оглядывался, как беглец.

Туда, голодные, противясь,
Шли волны, шлендая с тоски,
И гондолы рубили привязь,
Точа о пристань тесаки.

Вдали за лодочной стоянкой
В остатках сна рождалась явь.
Венеция венецианкой
Бросалась с набережных вплавь.

1913

Venice

So early that it hadn't dawned,
The ringing windowpanes awoke me.
A moistened pretzel made of stone, -
Beneath me Venice floated calmly.

Now all was calm, but all the while,
While still asleep I heard a cry
And like a mark that had been silenced,
It still disturbed the morning sky.

The Scorpio's trident, there it dangled
Above the mandolins. Perchance,
Somewhere afar, a woman angered
Had voiced the call in her defense.

Now it was hushed and in the skyline
As though a pitchfork it got stuck.
The Grand Canal with nervous smiles,
Much like a fugitive, gazed back.

And rushing, hungry and stretched out,
The jaded waves already neared.
The gondolas beat, tightly bound,
And honed their noses on the pier.

Beyond the docks of boats, from visions
Of dreams, reality was raised
And Venice, like a true venetian
Was diving off the bank with grace.

1913

***

Культ личности забрызган грязью,
Но на сороковом году
Культ зла и культ однообразья
Еще по-прежнему в ходу.

И каждый день приносит тупо,
Так что и вправду невтерпеж,
Фотографические группы
Одних свиноподобных рож.

И культ злоречья и мещанства
Еще по-прежнему в чести,
Так что стреляются от пьянства,
Не в силах этого снести.

1956

***

The cult of personality is stained,
But after forty years, the cult
Of gray monotony and disdain
Persists like in the days of old

Each coming day appears lackluster,
Until it's truly hard to bear,
It brings but photographic clusters
Of pig-like and inhuman stares.

The cult of narrow-minded thinking
Is likewise cherished and extolled,
Men shoot themselves from over-drinking,
Unable to sustain it all.

1956

После перерыва

Три месяца тому назад,
Лишь только первые метели
На наш незащищенный сад
С остервененьем налетели,

Прикинул тотчас я в уме,
Что я укроюсь, как затворник,
И что стихами о зиме
Пополню свой весенний сборник.

Но навалились пустяки
Горой, как снежные завалы.
Зима, расчетам вопреки,
Наполовину миновала.

Тогда я понял, почему
Она во время снегопада,
Снежинками пронзая тьму,
Заглядывала в дом из сада.

Она шептала мне: "Спеши!"
Губами, белыми от стужи,
А я чинил карандаши,
Отшучиваясь неуклюже.

Пока под лампой у стола
Я медлил зимним утром ранним,
Зима явилась и ушла
Непонятым напоминаньем.

1957

After the Interlude

Three months ago it all had started.
The early blizzards swept by, rushing
Over our fields and yards unguarded
With some unmanageable passion.

I then made up my mind at once,
As though a hermit on vocation,
I'd write of winter and perchance
I would complete my spring collection.

But mounds of trivialities arose,
Like snow-banks standing in my way.
And all my plans, it seemed, were lost,
As winter passed by day by day.

Just then, somehow, I got to know
Why on this foul and stormy night
She pierced the darkness with the snow
And from the garden, peeked inside.

She sighed and whispered to me tensely,
"Please hurry!" - pale from the cold.
But I was sharpening my pencil
And awkwardly dismissed her call.

And while one early morning, I,
Behind the desk, delayed each sentence,
The winter came and passed me by
With some unrecognized resemblance.

1957

Единственные дни

На протяженье многих зим
Я помню дни солнцеворота,
И каждый был неповторим
И повторялся вновь без счета.

И целая их череда
Составилась мало-помалу -
Тех дней единственных, когда
Нам кажется, что время стало.

Я помню их наперечет:
Зима подходит к середине,
Дороги мокнут, с крыш течет
И солнце греется на льдине.

И любящие, как во сне,
Друг к другу тянутся поспешней,
И на деревьях в вышине
Потеют от тепла скворешни.

И полусонным стрелкам лень
Ворочаться на циферблате,
И дольше века длится день,
И не кончается объятье.

1957

Single Days

During the lengthy winter terms,
The equinoxes came to me:
Each day was peerless in its form
And each repeated endlessly.

They came in sequence, bit by bit,
And slowly started to add up -
Those rare and single days when it
Appeared to me that time had stopped.

And now each day I recollect:
The winter season's almost done,
The snow is melting, roads are wet,
The ice is heated by the sun.

With passion lovers now embrace
As eagerly as when they're dreaming.
High in the trees, from sultry rays,
The starling-houses are steaming.

The hands of time are growing tired
Of always turning in a daze
And decades in a day transpire,
And nothing breaks up the embrace.

1957

Нобелевская премия

Я пропал, как зверь в загоне.
Где-то люди, воля, свет,
А за мною шум погони,
Мне наружу ходу нет.

Темный лес и берег пруда,
Ели сваленной бревно.
Путь отрезан отовсюду.
Будь что будет, все равно.

Что же сделал я за пакость,
Я убийца и злодей?
Я весь мир заставил плакать
Над красой земли моей.

Но и так, почти у гроба,
Верю я, придет пора -
Силу подлости и злобы
Одолеет дух добра.

1959

Nobel Prize

All is lost, I'm a beast in a pen.
There are people and freedom outside,
But the hunters are already at hand
And I haven't a way to take flight.

The bank of a pond, woods at night,
And the trunk of the pine lying bare.
I am trapped and cut off on each side.
Come what comes, I simply don't care.

Am I a murderer, a villain, a creep?
Of what filth am I condemned?
I have caused the world to weep
At the splendor of my land.

Even now as I'm nearing the tomb,
I believe in the virtuous fate, -
And the spirit of goodness will soon
Overcome all the malice and hate.

1959

Гамлет

Гул затих. Я вышел на подмостки.
Прислонясь к дверному косяку,
Я ловлю в далеком отголоске,
Что случится на моем веку.

На меня наставлен сумрак ночи
Тысячью биноклей на оси.
Если только можно, Авва Отче,
Чашу эту мимо пронеси.

Я люблю твой замысел упрямый
И играть согласен эту роль.
Но сейчас идет другая драма,
И на этот раз меня уволь.

Но продуман распорядок действий,
И неотвратим конец пути.
Я один, все тонет в фарисействе.
Жизнь прожить - не поле перейти.

1946

Hamlet

The noise subsides. I walk onto the stage.
I listen closely to the echo of the hum
And leaning on the doorway, try to gauge
Just what will happen in the age to come.

In gloom of night, the theater glasses gather
In thousands and focus on the play.
If only you are willing, Abba Father,
Allow this cup to pass me by today.

I love your plan, unyielding, fixed and bold,
And I am ready to accept my role.
But right now another act unfolds
And this time, please dismiss me, I implore.

The plot is predetermined to proceed,
The outcome of my destiny is marked.
Alone, amidst the Pharisees and greed.
To live this life is no walk in the park.

1946

Март

Солнце греет до седьмого пота,
И бушует, одурев, овраг.
Как у дюжей скотницы работа,
Дело у весны кипит в руках.

Чахнет снег и болен малокровьем
В веточках бессильно синих жил.
Но дымится жизнь в хлеву коровьем,
И здоровьем пышут зубья вил.

Эти ночи, эти дни и ночи!
Дробь капелей к середине дня,
Кровельных сосулек худосочье,
Ручейков бессонных болтовня!

Настежь всё, конюшня и коровник.
Голуби в снегу клюют овес,
И всего живитель и виновник -
Пахнет свежим воздухом навоз.

1946

March

The sultry sun heats to the seventh sweat.
The ravine rages in the frenzy, senseless.
As though a cowgirl working in the stead,
The spring is busy and its chores are endless.

Out in the light, the snow-banks slowly slump,
Their bloodless, twig-like veins turn paler still.
And from the farmhouse, life is smoking up,
The tines of pitchforks breathe with zest and zeal.

These nights. These days. These days and nights!
The thud of droplets in midday, the spatter
Of dripping icicles, what wonderful delight
To hear the sleepless brook's relentless chatter!

The cow-stead and the stable, open everything!
Gray pigeons peck the oats out of the snow
And from the all-creating and enabling, -
From fresh manure, fresh air begins to flow…

1946

На Страстной

Еще кругом ночная мгла.
Еще так рано в мире,
Что звездам в небе нет числа,
И каждая, как день, светла,
И если бы земля могла,
Она бы Пасху проспала

Под чтение Псалтыри.
Еще кругом ночная мгла.
Такая рань на свете,
Что площадь вечностью легла
От перекрестка до угла,
И до рассвета и тепла
Еще тысячелетье.

Еще земля голым-гола,
И ей ночами не в чем
Раскачивать колокола
И вторить с воли певчим.

И со Страстного четверга
Вплоть до Страстной субботы
Вода буравит берега
И вьет водовороты.

И лес раздет и непокрыт,
И на Страстях Христовых,
Как строй молящихся, стоит
Толпой стволов сосновых.

Easter

There's still the twilight of the night.
The world's so young in its proceeding,
That there are countless stars outside
And each one, like the day, is bright
And if the Earth could so decide,
She'd sleep through Easter in delight,
Hearing the Psalter reading.

There's still the twilight of the night.
It's far too early. It appears
That fields eternally subside
Across the crossroad to the side
And till the sunrise and the light,
There's still a thousand years.

And as of yet, the earth's deprived
Of any clothes to wear
To strike the church bells far and wide
Or echo choirs in the air.

From Maundy Thursday, through the night,
And right through Easter Eve,
The water bores the coastal side
And whirlpools heave.

The forest, naked and immense,
To celebrate the holy times,
As though in prayer, humbly stands
In congregated trunks of pines.

А в городе, на небольшом
Пространстве, как на сходке,
Деревья смотрят нагишом
В церковные решетки.

И взгляд их ужасом объят.
Понятна их тревога.
Сады выходят из оград,
Колеблется земли уклад:
Они хоронят Бога.

И видят свет у царских врат,
И черный плат, и свечек ряд,
Заплаканные лица –
И вдруг навстречу крестный ход
Выходит с плащаницей,
И две березы у ворот
Должны посторониться.

И шествие обходит двор
По краю тротуара,
И вносит с улицы в притвор
Весну, весенний разговор
И воздух с привкусом просфор
И вешнего угара.

И март разбрасывает снег
На паперти толпе калек,
Как будто вышел человек,
И вынес, и открыл ковчег,
И все до нитки роздал.

И пенье длится до зари,
И, нарыдавшись вдосталь,
Доходят тише изнутри
На пустыри под фонари
Псалтырь или Апостол.

And in the city, in one place,
A gathering's commenced.
The trees, exposed, sincerely gaze
Over the Church's fence.

Their eyes are overfilled with rage,
They're clearly out of sorts.
As gardens slowly leave their cage,
The earth is shaken and deranged,
They're burying the Lord.

They see a light that dimly glows,
Black handkerchiefs, and candle rows,
And tears on every face -
And suddenly, a long procession:
The sacred shroud of Christ is raised,
Two birches with morose expressions
Move over to make space.

They walk around the royal square
Along the curb and soon
Into the vestibule with care
They carry spring and its affairs,
The scent of Eucharist in the air
And vernal fumes.

And March is tossing snow around
To beggars gathered on church grounds,
As though a person just walked out
And gave away all that he found
And everyone was dazzled.

The singing lasts throughout the night.
Then, drained of tears, they bustle
To walk out quietly outside
Into the street, into the light
To read the Psalter or Apostles.

Но в полночь смолкнут тварь и плоть,
Заслышав слух весенний,
Что только-только распогодь,
Смерть можно будет побороть
Усильем Воскресенья.

1946

But flesh and fur will hush to hear
Spring, in the midnight hour,
Predict that soon the skies will clear,
And over death, we'll persevere
With resurrection's power.

1946

Белая ночь

Мне далекое время мерещится,
Дом на Стороне Петербургской.
Дочь степной небогатой помещицы,
Ты - на курсах, ты родом из Курска.

Ты - мила, у тебя есть поклонники.
Этой белой ночью мы оба,
Примостимся на твоем подоконнике,
Смотрим вниз с твоего небоскреба.

Фонари, точно бабочки газовые,
Утро тронуло первою дрожью.
То, что тихо тебе я рассказываю,
Так на спящие дали похоже.

Мы охвачены тою же самою
Оробелою верностью тайне,
Как раскинувшийся панорамою
Петербург за Невою бескрайней.

Там, вдали, под дремучим урочищам,
Этой ночью весеннею белой,
Соловьи славословьем грохочущим
Оглашают лесные пределы.

Ошалелое щелканье катится,
Голос маленькой птички летящей
Пробуждает восторг и сумятицу
В глубине очарованной чащи.

В те места босоногою странницей
Пробирается ночь вдоль забора,
И за ней с подоконника тянется
След подслушанного разговора.

White Night

A far-off time arises in my memory,
The house in the Petersburg Quarters,
A humble daughter of the modest gentry,
Born in Kursk, you are here taking courses.

You are cute, - you have many admirers.
This white night, it is only us two,
Sprawling out on your windowsill, tireless,
From up high looking down at the view.

The streetlamps like gaseous butterflies
Trembled from the morning's first chills
And the words that I whispered in quiet sighs
Resembled the slumbering hills.

By some chance we were caught here together
By one mystery, in the timid fidelity,
As the landscape beyond the Neva,
Lands of Petersburg stretching unendingly.

In those distant, impregnable thickets,
On this vernal and pale white night,
The nightingales' thunderous singing
Awoke all the woodlands in sight.

Their song was blaring with emotion,
And those birds in a magical chorus,
Evoked both passion and commotion
From the depths of the mesmerized forest.

To those parts, like a barefooted wanderer,
By the fence, the night slowly walked
And behind it, from the windowsill, rambling,
Ran the trail of an overheard talk.

В отголосках беседы услышанной
По садам, огороженным тесом,
Ветви яблоневые и вишневые
Одеваются цветом белесым.

И деревья, как призраки, белые
Высыпают толпой на дорогу,
Точно знаки прощальные делая
Белой ночи, видавшей так много.

1953

Within an earshot of our conversations,
In the fenced enclosures of the garden,
The apple and the berry trees with patience
Put on the sunlight's glowing garments.

And trees, like phantoms, seeming white,
By the roadside, gathered in line,
To pay their dues to the receding white night
That has witnessed so much in its time.

1953

Весенняя распутица

Огни заката догорали.
Распутицей в бору глухом
В далекий хутор на Урале
Тащился человек верхом.

Болтала лошадь селезенкой,
И звону шлепавших подков
Дорогой вторила вдогонку
Вода в воронках родников.

Когда же опускал поводья
И шагом ехал верховой,
Прокатывало половодье
Вблизи весь гул и грохот свой.

Смеялся кто-то, плакал кто-то,
Крошились камни о кремни,
И падали в водовороты
С корнями вырванные пни.

А на пожарище заката,
В далекой прочерни ветвей,
Как гулкий колокол набата,
Неистовствовал соловей.

Где ива вдовий свой повойник
Клонила, свесивши в овраг,
Как древний соловей-разбойник
Свистал он на семи дубах.

Какой беде, какой зазнобе
Предназначался этот пыл?
В кого ружейной крупной дробью
Он по чащобе запустил?

Spring Floods

The sunset's lights were dying down.
Across the thickets of the copse,
Toward a distant Ural town,
A man was riding on his horse.

The horse was trembling with spite
And echoing the noisy clatter,
The water ran along its side
And splattered wildly in the gutter.

And as he loosened up the reins
Or slowed the pace, alert with caution,
The water swamped the nearby plains
With loud clamor and commotion.

Somebody laughed, somebody wept,
Stones beat on stones with wrathful fury
And wild raging whirlpools swept
The stumps of trees ripped out fully.

The sunset's pale blaze was sinking.
Out from the distant charcoal trees,
A nightingale starting singing
A blaring song that wouldn't cease.

There where a willow in the distance
Into the gully dipped her veil,
Out of the seven oaks, he whistled
As though the Robber-Nightingale.

O, what misfortune, what foreboding,
Could bring about such a shrill?
And with so many shots exploding,
Whom did he really aim to kill?

Казалось, вот он выйдет лешим
С привала беглых каторжан
Навстречу конным или пешим
Заставам здешних партизан.

Земля и небо, лес и поле
Ловили этот редкий звук,
Размеренные эти доли
Безумья, боли, счастья, мук.

1953

It seemed that any moment, he,
A goblin and a wanted man,
Would step out on the road to greet
The frontier posts of partisan.

The woods, the fields, the earth, the sky
All caught those intermittent strains,
Those equal portions of the pie,
Of madness, sorrow, glee and pain.

1953

Объяснение

Жизнь вернулась так же беспричинно,
Как когда-то странно прервалась.
Я на той же улице старинной,
Как тогда, в тот летний день и час.

Те же люди и заботы те же,
И пожар заката не остыл,
Как его тогда к стене Манежа
Вечер смерти наспех пригвоздил.

Женщины в дешевом затрапезе
Так же ночью топчут башмаки.
Их потом на кровельном железе
Так же распинают чердаки.

Вот одна походкою усталой
Медленно выходит на порог
И, поднявшись из полуподвала,
Переходит двор наискосок.

Я опять готовлю отговорки,
И опять все безразлично мне.
И соседка, обогнув задворки,
Оставляет нас наедине.

Confession

Life has suddenly returned again,
Just as once it strangely went away.
On this ancient street, once more I stand,
Just as then, that distant summer day.

Same old people and the same old worry
And the sunset's fire is still warm,
Just as when the evening in a hurry
Nailed it swiftly to the stable wall.

Women in their old and cheap attire
Wear away their shabby shoes at night.
Afterward upon the roofing iron
By the rooftops they are crucified.

Here is one, so wearied and unwilling,
Up the steps beginning to ascend,
Rises from the basement of the building,
Walks across the courtyard on a slant.

And again, I'm planning my charade,
And again, all's pointless and dull.
And a neighbor, passing through the gate,
Disappears and leaves us all alone.

***

Не плачь, не морщь опухших губ,
Не собирай их в складки.
Разбередишь присохший струп
Весенней лихорадки.

Сними ладонь с моей груди,
Мы провода под током.
Друг к другу вновь того гляди,
Нас бросит ненароком.

Пройдут года, ты вступишь в брак,
Забудешь неустройства.
Быть женщиной — великий шаг,
Сводить с ума — геройство.

А я пред чудом женский рук,
Спины, и плеч, и шеи
И так с привязанностью слуг
Весь век благоговею.

Но как ни сковывает ночь
Меня кольцом тоскливым,
Сильней на свете тяга прочь
И манит страсть к разрывам.

1947

***

Don’t cry. Don’t tense your swollen lips,
Don’t pack them into creases.
You’ll irritate those dried up bits
Of scabs from vernal fevers.

Withdraw you hand, don’t touch my chest,
We’re cables under voltage.
To one another by some chance
We may be thrown by fortune.

The years will pass and you shall wed,
You will forget this love then.
To be a woman, - a great step.
To drive insane, - a talent.

Under the spell of female hands,
The spell of shoulders, backs, and necks,
As you can see, I’ve lost my sense,
Bewitched by their divine effects.

No matter how the night might bind,
Its dismal ring just cannot match
The force to leave it all behind
And passion tempts me to detach.

1947

Лето в городе

Разговоры вполголоса,
И с поспешностью пылкой
Кверху собраны волосы
Всей копною с затылка.

Из-под гребня тяжелого
Смотрит женщина в шлеме,
Запрокинувши голову
Вместе с косами всеми.

А на улице жаркая
Ночь сулит непогоду,
И расходятся, шаркая,
По домам пешеходы.

Гром отрывистый слышится,
Отдающийся резко,
И от ветра колышется
На окне занавеска.

Наступает безмолвие,
Но по-прежнему парит,
И по-прежнему молнии
В небе шарят и шарят.

А когда светозарное
Утро знойное снова
Сушит лужи бульварные
После ливня ночного,

Summer in the City

Soft exchanges fill the air
And in some fervent rush,
From the forehead, strands of hair
Were gathered with a brush.

Helmed, she casts a single glance
Upon your face and waits,
Throwing back her head at once
With her dangling braids.

While the humid, muggy night
Insinuates a storm,
All the passersby outside
Quickly scatter home.

And the thunder can be heard now.
There, resounding, it rings.
By the widow-frame, the curtain
In the crosswinds swings.

All is silent, all is hushed now
And it's humid all the while
And the lightning's golden flashes
Are still groping in the skyline…

But the sunrise will ensue
With a breaking light so stifling
And dry the puddled avenues
From the downpours and lightning.

Смотрят хмуро по случаю
Своего недосыпа
Вековые, пахучие
Неотцветшие липы.

1953

You will catch the gaze yet vacant,
Drained from staying up too late,
From those venerable, fragrant
Limes that simply will not fade.

1953

Ветер

Я кончился, а ты жива.
И ветер, жалуясь и плача,
Раскачивает лес и дачу.
Не каждую сосну отдельно,
А полностью все дерева
Со всею далью беспредельной,
Как парусников кузова
На глади бухты корабельной.
И это не из удальства
Или из ярости бесцельной,
А чтоб в тоске найти слова
Тебе для песни колыбельной.

1953

Wind

I've ceased to be, but you're alive
The wind is whimpering and sobbing.
It rocks the forest and the cabin.
Under its force the trees are bending
In unison, not pine by pine,
Along with hills that seem unending,
Like wooden frames of yachts withstanding
The stormy gusts in the bay at night.
And all this not from reckless pride
Or from a pointless, frenzied folly,
But to compose a lullaby
For you in time of melancholy.

1953

Хмель

Под ракитой, обвитой плющом,
От ненастья мы ищем защиты.
Наши плечи покрыты плащом.
Вкруг тебя мои руки обвиты.

Я ошибся... Кусты этих чащ
Не плющом перевиты, а хмелем.
Ну так лучше давай этот плащ
В ширину под собою расстелим.

1953

Hops

Under a broom, entwined by ivy,
From rain we're hiding for the time.
A cloak protects our shoulders slightly,
My arms, around you, intertwined.

No, I was wrong. Among these shrubs,
It was green hops that spread, not ivy.
So should we spread this cloak, perhaps,
Over the grass for us to lie on?

1953

Бабье лето

Лист смородины груб и матерчат.
В доме хохот, и стекла звенят,
В нем шинкуют, и квасят, и перчат,
И гвоздики кладут в маринад.

Лес забрасывает, как насмешник,
Этот шум на обрывистый склон,
Где сгоревший на солнце орешник
Словно жаром костра опален.

Здесь дорога спускается в балку,
Здесь и высохших старых коряг
И лоскутницы-осени жалко,
Все сметающей в этот овраг.

И того, что вселенная проще,
Чем иной полагает хитрец,
Что, как в воду, опущена роща,
Что приходит всему свой конец.

Что глазами бессмысленно хлопать,
Когда все пред тобой сожжено
И осенняя белая копоть
Паутиною тянет в окно.

Ход из сада в заборе проломан
И теряется в березняке.
В доме смех и хозяйственный гомон,
Тот же гомон и смех вдалеке.

1946

Indian Summer

The currant leaf is prickly and coarse.
The windows in the house ring with laughter.
There women shred it, peppering the cloves
And marinate it all soon after.

The forest heaves, like a mocking scoffer,
All of this clamor onto the slope of the hill,
Where the sun-burned hazel hangs over
As though a campfire scorches it still.

Here the path leads down to the gorge,
Where the snags lie parched and dismantled.
Feeling pity for autumn, you watch
As it sweeps everything down the channel.

And it's sad that the universe's simpler
Than the scholars may like to pretend,
And it's sad that the copses are sinking in
And that everything's reaching its end.

That it's useless to gawk at it all
When the valley is burned into cinder
And the pale white soot of the fall
Pulls the gossamer into the window.

The garden fence is broken on the side,
And birches hide the narrow, dusty trail.
There's laughter and hubbub inside,
The same clamor is heard on the vale.

1946

Осень

Я дал разъехаться домашним,
Все близкие давно в разброде,
И одиночеством всегдашним
Полно всё в сердце и природе.

И вот я здесь с тобой в сторожке.
В лесу безлюдно и пустынно.
Как в песне, стежки и дорожки
Позаросли наполовину.

Теперь на нас одних с печалью
Глядят бревенчатые стены.
Мы брать преград не обещали,
Мы будем гибнуть откровенно.

Мы сядем в час и встанем в третьем,
Я с книгою, ты с вышиваньем,
И на рассвете не заметим,
Как целоваться перестанем.

Еще пышней и бесшабашней
Шумите, осыпайтесь, листья,
И чашу горечи вчерашней
Сегодняшней тоской превысьте.

Привязанность, влеченье, прелесть!
Рассеемся в сентябрьском шуме!
Заройся вся в осенний шелест!
Замри или ополоумей!

Ты так же сбрасываешь платье,
Как роща сбрасывает листья,
Когда ты падаешь в объятье
В халате с шелковою кистью.

Autumn

I've set my folks on a vacation,
From friends I've drifted far apart,
And now the permanent dejection
Submerses nature and the heart.

We're left inside this lodge alone.
The woods are dreary and remote.
And sprouts of grass, like in the song,
Have overgrown each path and road.

The lodge's wooden walls now gaze
At us with grief and hopelessness.
We never vowed to break restrains,
We will decline with openness.

We'll sit at one. By three, we'll rise,
I - with my book, you - with the sewing.
There won't be time to realize
How we stop kissing in the morning.

The leaves, spontaneous and vast,
Will rustle, gliding though the air
To fill the cup of sorrows passed
Once more with present day despair.

Such zest, affection and delight!
We'll rush into September's riot!
In autumn rustle, come and hide,
Go crazy or just stand there quiet!

The way you shed your clothes in haste,
Like woods shed leaves onto the ground,
When falling into my embrace,
You fling aside your dressing gown.

Ты - благо гибельного шага,
Когда житье тошней недуга,
А корень красоты - отвага,
И это тянет нас друг к другу.

1949

You are the boon of a fatal step,
When there’s no reason left to bother,
And beauty’s root is courage and
This draws us closer to each other.

1949

Сказка

Встарь, во время оно,
В сказочном краю
Пробирался конный
Степью да репью.

Он спешил на сечу,
А в степной пыли
Темный лес навстречу
Вырастал вдали.

Ныло ретивое,
На сердце скребло:
Бойся водопоя,
Подтяни седло.

Не послушал конный
И во весь опор
Залетел с разгону
На лесной бугор.

Повернул с кургана,
Въехал в суходол,
Миновал поляну,
Гору перешел.

И забрел в ложбину
И лесной тропой
Вышел на звериный
След и водопой.

И глухой к призыву,
И не вняв чутью,
Свел коня с обрыва
Попоить к ручью.

Fairytale

Once upon a time,
Somewhere far away,
Riding through the steppe,
A horseman made his way.

Through the dust, he saw,
While he sped to fight,
A forest was emerging
Dreary, dark and wide.

His soul cried out in worry
And his heart would race:
Tighten up your saddle,
Fear the watering-place.

But he didn't listen,
And only gaining speed,
Straight onto the mound
He would lead his steed.

Turning from the barrow
To an barren vale,
Past the higher ground,
Straight across the dale.

Down into the furrow
He took his horse apace
Where the trail led him
To a watering-place.

Heedless of the warning,
Quick to move, he took
His horse to drink the water
From the hidden brook.

У ручья пещера,
Пред пещерой - брод.
Как бы пламя серы
Озаряло вход.

И в дыму багровом,
Застилавшем взор,
Отдаленным зовом
Огласился бор.

И тогда оврагом,
Вздрогнув, напрямик
Тронул конным шагом
На призывный крик.

И увидел конный,
И приник к копью,
Голову дракона,
Хвост и чешую.

Пламенем из зева
Рассеивал он свет,
В три кольца вкруг девы
Обмотав хребет.

Туловище змея,
Как концом бича,
Поводило шеей
У ее плеча.

Той страны обычай
Пленницу-красу
Отдавал в добычу
Чудищу в лесу.

Near the shallow water,
Where he made his way,
Sulfur flames illumined
The entrance to a cave.

In the crimson smoke
That shrouded everything,
With a distant calling
The forest seemed to ring.

Straight across the ravine,
Startled and appalled,
The rider walked his horse
To the haunting call.

As he neared, a dragon
Suddenly appeared.
The rider saw its tail
And tightly gripped his spear.

The dragon breathed out fire
With a blinding light,
Thrice around a maiden
Winding his spine.

The body of the dragon,
Bending like a whip,
Held the maiden's shoulder
With a solid grip.

A beautiful, young maiden,
By that county's customs,
Was given to the monster
As a form of ransom.

Края населенье
Хижины свои
Выкупало пеней
Этой от змеи.

Змей обвил ей руку
И оплел гортань,
Получив на муку
В жертву эту дань.

Посмотрел с мольбою
Всадник в высь небес
И копье для боя
Взял наперевес.

Сомкнутые веки.
Выси. Облака.
Воды. Броды. Реки.
Годы и века.

Конный в шлеме сбитом,
Сшибленный в бою.
Верный конь, копытом
Топчущий змею.

Конь и труп дракона
Рядом на песке.
В обмороке конный,
Дева в столбняке.

Светел свод полдневный,
Синева нежна.
Кто она? Царевна?
Дочь земли? Княжна?

The village folk surrendered
This beauty with high hopes
To satisfy the serpent
And to protect their homes.

The monster squeezed her arms
And coiling her throat,
He left the victim feeling
Hopeless and distraught.

The rider, with a prayer,
Gazing at the sky,
Ready for the battle,
Held his spear up high.

Eyelids tightly shut.
Summits. Clouded spheres.
Waters. Fords and rivers.
Centuries and years.

The wounded rider lies.
His body barely moves.
The loyal horse is trampling
The dragon with its hooves.

The dragon's body's fallen
By the watering-place.
The rider is a confounded.
The maiden's in a daze.

The midday sky is shining,
As azure clouds unfurl.
Who is she? A princess?
Or just a peasant girl?

То в избытке счастья
Слезы в три ручья,
То душа во власти
Сна и забытья.

То возврат здоровья,
То недвижность жил
От потери крови
И упадка сил.

Но сердца их бьются.
То она, то он
Силятся очнуться
И впадают в сон.

Сомкнутые веки.
Выси. Облака.
Воды. Броды. Реки.
Годы и века.

1953

Now, in joyous happiness
The soul can't cease to weep
And now, unable to resist,
The body falls asleep.

Now his health's returning,
Now he's weak once more.
From the loss of blood,
He's feeling weak and sore.

But their hearts are beating.
First one, then the other,
Coming back to life
And falling back in slumber.

Eyelids tightly shut.
Summits. Clouded spheres.
Waters. Fords and rivers.
Centuries and years.

1953

Август

Как обещало, не обманывая,
Проникло солнце утром рано
Косою полосой шафрановою
От занавеси до дивана.

Оно покрыло жаркой охрою
Соседний лес, дома поселка,
Мою постель, подушку мокрую,
И край стены за книжной полкой.

Я вспомнил, по какому поводу
Слегка увлажнена подушка.
Мне снилось, что ко мне на проводы
Шли по лесу вы друг за дружкой.

Вы шли толпою, врозь и парами,
Вдруг кто-то вспомнил, что сегодня
Шестое августа по старому,
Преображение Господне.

Обыкновенно свет без пламени
Исходит в этот день с Фавора,
И осень, ясная, как знаменье,
К себе приковывает взоры.

И вы прошли сквозь мелкий, нищенский,
Нагой, трепещущий ольшаник
В имбирно-красный лес кладбищенский,
Горевший, как печатный пряник.

С притихшими его вершинами
Соседствовало небо важно,
И голосами петушиными
Перекликалась даль протяжно.

August

As was promised, so it happened,
The morning sun rose rather early.
Its sultry, saffron beam fell slanted
Between the sofa and the curtain.

It covered with its scorching red
The village and the nearby wood,
The dampened pillow and my bed,
The corner where the bookshelf stood.

Then I recalled what had been done
To make my pillow moist, I ached,
I dreamt you walking one by one
Across the forest to my wake.

And while the crowd was proceeding,
All of a sudden someone stirred:
It was the sixth of August, meaning,
- Transfiguration of Our Lord.

This day, from Mount Thabor often
A flameless light burns through the skies
And autumn, like a lucid omen,
Draws to itself observant eyes.

And one by one, you rambled, sighing,
Across the trembling grove, ahead
Into the graveyard that was shinning
As though a russet gingerbread.

Up there, upon its silenced tops,
The royal sky was seated proud
And with the crowing of the cocks,
The spacey distances rang out.

В лесу казенной землемершею
Стояла смерть среди погоста,
Смотря в лицо мое умершее,
Чтоб вырыть яму мне по росту.

Был всеми ощутим физически
Спокойный голос чей-то рядом.
То прежний голос мой провидческий
Звучал, не тронутый распадом:

"Прощай, лазурь преображенская
И золото второго Спаса
Смягчи последней лаской женскою
Мне горечь рокового часа.

Прощайте, годы безвременщины,
Простимся, бездне унижений
Бросающая вызов женщина!
Я — поле твоего сражения.

Прощай, размах крыла расправленный,
Полета вольное упорство,
И образ мира, в слове явленный,
И творчество, и чудотворство."

1953

There like government surveyor,
Death stood and with her chilling eyes
Stared at my face, so ghostly pale,
To estimate my casket's size.

All sensed someone so calm and poised
And heard his voice from where I lay.
It was my own prophetic voice
That spoke, untouched by the decay:

"Farewell, the blue Transfiguration,
Farewell, the gold of festive blessings.
Come soothe this hopeless desperation
With gentle, womanly caresses.

Farewell, the years and timeless chase.
Farewell, the women who'd confront
The voids of sorrow and disgrace.
I am the field on which you fought.

Farewell, the wingspan and the reach,
Farewell, the free, persistent soaring
And world's reflection caught in speech,
Creative work and wonder-working."

1953

Зимняя ночь

Мело, мело по всей земле
Во все пределы.
Свеча горела на столе,
Свеча горела.

Как летом роем мошкара
Летит на пламя,
Слетались хлопья со двора
К оконной раме.

Метель лепила на стекле
Кружки и стрелы.
Свеча горела на столе,
Свеча горела.

На озаренный потолок
Ложились тени,
Скрещенья рук, скрещенья ног,
Судьбы скрещенья.

И падали два башмачка
Со стуком на пол.
И воск слезами с ночника
На платье капал.

И все терялось в снежной мгле
Седой и белой.
Свеча горела на столе,
Свеча горела.

На свечку дуло из угла,
И жар соблазна
Вздымал, как ангел, два крыла
Крестообразно.

Winter Night

The blizzards all across the earth,
Have swept uncurbed.
The candle burned upon the desk,
The candle burned.

As in the summer, moths are drawn
Towards the flame,
The pale snowflakes soared
Towards the pane.

Upon the glass, bright snowy rings
And streaks were churned.
The candle burned upon the desk,
The candle burned.

On the illumined ceiling,
Shadows swayed,
A cross of arms, a cross of legs,
A cross of fate.

And with a loud thud, two shoes
Came falling down,
And from the candle, tears of wax
Dripped on the gown.

And nothing in the snowy haze
Could be discerned.
The candle burned upon the desk,
The candle burned.

A gentle draft blew on the flame,
And in temptation,
It raised two wings into a cross
As if an angel.

Мело весь месяц в феврале,
И то и дело
Свеча горела на столе,
Свеча горела.

1946

The blizzards swept all through the month.
It so occurred,
The candle burned upon the desk,
The candle burned.

1946

Разлука

С порога смотрит человек,
Не узнавая дома.
Ее отъезд был как побег.
Везде следы разгрома.

Повсюду в комнатах хаос.
Он меры разоренья
Не замечает из-за слез
И приступа мигрени.

В ушах с утра какой-то шум.
Он в памяти иль грезит?
И почему ему на ум
Все мысль о море лезет?

Когда сквозь иней на окне
Не видно света божья,
Безвыходность тоски вдвойне
С пустыней моря схожа.

Она была так дорога
Ему чертой любою,
Как моря близки берега
Всей линией прибоя.

Как затопляет камыши
Волненье после шторма,
Ушли на дно его души
Ее черты и формы.

В года мытарств, во времена
Немыслимого быта
Она волной судьбы со дна
Была к нему прибита.

Parting

A man out of the courtyard gapes,
Not knowing what to say.
Her leave was much like an escape.
The house is disarrayed.

There's chaos all around the room.
He cannot comprehend,
Because of tears, because of gloom,
The damage's extent.

He hears a ringing in his ears.
Perhaps he's going mad?
How come the notion of the seas
Is growing in his head?

When icy windows block the light
And one can barely see,
The suffocating grief is like
The deserts of the sea.

He dearly loved all of her traits
And he and she were close,
Like shores are intimate with waves
Along the whole wide coast.

Like rushes, after passing storms,
Can drown in the tide,
So drowned all her features, forms,
Within his soul that night.

In time of conflicts, struggles, when
His life had lost all sense,
The wave of fortune brought her in
To him out of the depths.

Среди препятствий без числа,
Опасности минуя,
Волна несла ее, несла
И пригнала вплотную.

И вот теперь ее отъезд,
Насильственный, быть может!
Разлука их обоих съест,
Тоска с костями сгложет.

И человек глядит кругом:
Она в момент ухода
Все выворотила вверх дном
Из ящиков комода.

Он бродит и до темноты
Укладывает в ящик
Раскиданные лоскуты
И выкройки образчик.

И, наколовшись об шитье
С невынутой иголкой,
Внезапно видит всю ее
И плачет втихомолку.

1953

Through obstacles, in a frenzied stir,
From hazards they had steered.
These waves had carried, carried her
Until they brought them near.

And now, she suddenly took off.
Yes, she was overpowered!
The parting will consume them both,
By grief, they'll be devoured.

The man now overlooks the place.
Before she left, she tossed
Out of the cupboard in a haste
Her dresses and her clothes.

He wanders and until the night,
He folds the things she scattered.
Into the drawer on the side, -
Her scrap, her sewing patterns.

Next to her work, he slowly kneels.
The needle's pointing up.
Before him she again appears
And he begins to sob.

1953

Свидание

Засыпет снег дороги,
Завалит скаты крыш.
Пойду размять я ноги:
За дверью ты стоишь.

Одна, в пальто осеннем,
Без шляпы, без калош,
Ты борешься с волненьем
И мокрый снег жуешь.

Деревья и ограды
Уходят вдаль, во мглу.
Одна средь снегопада
Стоишь ты на углу.

Течет вода с косынки
По рукаву в обшлаг,
И каплями росинки
Сверкают в волосах.

И прядью белокурой
Озарены: лицо,
Косынка, и фигура,
И это пальтецо.

Снег на ресницах влажен,
В твоих глазах тоска,
И весь твой облик слажен
Из одного куска.

Как будто бы железом,
Обмокнутым в сурьму,
Тебя вели нарезом
По сердцу моему.

Meeting

The roads will fill with snow,
The roofs will feel its weight,
To stretch, outside I go:
There, by the door, you wait.

Alone, in an autumn coat,
With nothing on your head,
You chew the snow, distraught
And hide a nervous fret.

The fences and the trees
Into the gloom withdraw.
You stand there in the breeze
Under the falling snow.

The headscarf droplets slide
Along the coat you wear,
As dewy drops alight
And sparkle in your hair.

A pale lock will trigger
Enough of light to note
The face, the scarf, the figure
And this light autumn coat.

There's wet snow on your lashes.
Your eyes appear displeased.
Your whole appearance flashes
In one entire piece.

As though a scrap of metal
Into the stibnite dipped,
Across my heart unsettled,
You were incised in script.

И в нем навек засело
Смиренье этих черт,
И оттого нет дела,
Что свет жестокосерд.

И оттого двоится
Вся эта ночь в снегу,
И провести границы
Меж нас я не могу.

Но кто мы и откуда,
Когда от всех тех лет
Остались пересуды,
А нас на свете нет?

1949

And in it, now forever,
Your humble features stay
And thus it doesn't matter
If life is harsh today.

That's why the night appears thus
Redoubled in the snow, -
No boundaries between us
And closer still we grow.

But who are we, from where,
If all those years are gone,
Just rumors are to spare,
And we have long passed on?

1949

Рассвет

Ты значил все в моей судьбе.
Потом пришла война, разруха,
И долго-долго о Тебе
Ни слуху не было, ни духу.

И через много-много лет
Твой голос вновь меня встревожил.
Всю ночь читал я Твой Завет
И как от обморока ожил.

Мне к людям хочется, в толпу,
В их утреннее оживленье.
Я все готов разнесть в щепу
И всех поставить на колени.

И я по лестнице бегу,
Как будто выхожу впервые
На эти улицы в снегу
И вымершие мостовые.

Везде встают, огни, уют,
Пьют чай, торопятся к трамваям.
В теченье нескольких минут
Вид города неузнаваем.

В воротах вьюга вяжет сеть
Из густо падающих хлопьев,
И чтобы во-время поспеть,
Все мчатся недоев-недопив.

Я чувствую за них за всех,
Как будто побывал в их шкуре,
Я таю сам, как тает снег,
Я сам, как утро, брови хмурю.

Sunrise

You were my life sometime ago.
Then came the war, the devastation.
You vanished, leaving me alone,
Without a trace or explanation.

When many years had passed me by,
Your voice awakened me by chance.
I sat and read Your Word all night
And came to life out of a trance.

Since then I feel more drawn to people,
To blend into the morning crowd.
I'll cause commotion and upheaval
And send the sinners bowing down.

Outside I rush for this alone.
Like for the first time, standing speechless,
I see these streets and snowy roads,
These desolate, abandoned bridges.

I'm welcomed everywhere I visit.
There's light and comfort, and time flies.
And in a matter of just minutes,
The landscape can't be recognized.

The blizzard's weaving by the gate
From falling snow that won't diminish.
In haste, not wanting to be late,
The people leave their meals unfinished.

For all of them, I feel compassion,
As if their troubles are my own.
I melt, myself, like snowflakes ashen
And knit my brows like the dawn.

Со мною люди без имен,
Деревья, дети, домоседы.
Я ими всеми побежден,
И только в том моя победа.

1947

I walk among these nameless men.
Before my eyes, the world is spinning!
I lose myself in all of them
And only in this is my winning.

1947

Земля

В московские особняки
Врывается весна нахрапом.
Выпархивает моль за шкапом
И ползает по летним шляпам,
И прячут шубы в сундуки.

По деревянным антресолям
Стоят цветочные горшки
С левкоем и желтофиолем,
И дышат комнаты привольем,
И пахнут пылью чердаки.

И улица запанибрата
С оконницей подслеповатой,
И белой ночи и закату
не разминуться у реки.

И можно слышать в коридоре,
Что происходит на просторе,
О чем в случайном разговоре
С капелью говорит апрель.

Он знает тысячи историй
Про человеческое горе,
И по заборам стынут зори
И тянут эту канитель.

И та же смесь огня и жути
На воле и в жилом уюте,
И всюду воздух сам не свой.
И тех же верб сквозные прутья,
И тех же белых почек вздутья
И на окне, и на распутье,
На улице и в мастерской.

Earth

Into the Moscow's manor estates,
Spring barges in, stern and austere.
From opened closets, moths appear
And crawl across the summer gear,
As furs are safely stored away.

And by the window of the loft,
The vernal flowerpots are placed
Up there, carnations bloom with grace,
A sense of freedom fills the place
And dust paves attics gold.

The sightless casement and the street
Are old-time friends each time they meet.
The white night, by the brook, will greet
The setting sun without a doubt.

And you can hear out in the hall
The stories of the outside world,
Or overhear warm April's call
And eaves respond aloud.

A thousand stories may be told
About the woes of human soul
And though the sunset's growing cold,
It weaves the story out.

Both, eeriness and fire linger,
The same outside as they are indoors.
The air is restless and ferocious.
The selfsame branches of the willow
The selfsame blossoms, white and brittle,
As on the roads, so by the windows,
As on the streets, so in the workshops.

Зачем же плачет даль в тумане
И горько пахнет перегной?
На то ведь и мое призванье,
Чтоб не скучали расстоянья,
Чтобы за городскою гранью
Земле не тосковать одной.

Для этого весною ранней
Со мною сходятся друзья,
И наши вечера – прощанья,
Пирушки наши – завещанья,
Чтоб тайная струя страданья
Согрела холод бытия.

1947

Why then are hills in desolation?
What means this bitter humus stench?
For this then is my true vocation,
So fields don't pine in isolation,
So lands don't grieve in separation
Beyond the city's range.

And every early spring, my friends
Will gather for this reason still.
Our farewell evenings tie loose ends,
Our feasts are merely testaments,
So sorrow, passing through our hands,
May heat existence's chill.

1947

Дурные дни

Когда на последней неделе
Входил Он в Иерусалим,
Осанны навстречу гремели,
Бежали с ветвями за Ним.

А дни все грозней и суровей,
Любовью не тронуть сердец,
Презрительно сдвинуты брови,
И вот послесловье, конец.

Свинцовою тяжестью всею
Легли на дворы небеса.
Искали улик фарисеи,
Юля перед ним, как лиса.

И темными силами храма
Он отдан подонкам на суд,
И с пылкостью тою же самой,
Как славили прежде, клянут.

Толпа на соседнем участке
Заглядывала из ворот,
Толклись в ожиданье развязки
И тыкались взад и вперед.

И полз шопоток по соседству,
И слухи со многих сторон.
И бегство в Египет и детство
Уже вспоминались, как сон.

Припомнился скат величавый
В пустыне, и та крутизна,
С которой всемирной державой
Его соблазнял сатана.

Bad Days

When He entered Jerusalem during
The Passion Week, on that day,
Hosannas resounded with fury
And palm leaves were blocking His way.

But days have grown harsher and crueler
And love, it seems, lost its command.
The eyebrows are frowning rudely,
Here, at last, is the postscript, the end.

As heavy as lead, the grey heavens
Have fallen on top of the roofs.
The Pharisees, shrewd in His presence,
Were secretly searching for proofs.

By the dark command of the Temple,
He was left to a villainous horde.
With passionate hatred, they trembled,
Just as once, they praised Him before.

The crowds were gathering early
On the neighboring yard, by the gate.
They jostled, awaiting the verdict
And pushed forth, unable to wait.

Their whispers barely reached Him
And the rumors were all on one theme.
His youth and the flight into Egypt,
He remembered it all like a dream.

He remembered the peak He ascended
In the wilderness. Then He recalled
The cliff on which he was tempted
By Satan with ruling the world.

И брачное пиршество в Кане,
И чуду дивящийся стол,
И море, которым в тумане
Он к лодке, как по суху, шел.

И сборище бедных в лачуге,
И спуск со свечою в подвал,
Где вдруг она гасла в испуге,
Когда воскрешенный вставал...

1949

And the wedding at Cana, the feast,
All the wondrous miracles and
How he walked to the boat through the mist
On the sea, as though walking on land.

And the beggars who met in the hovel
And the cellar to which he was led,
Where the frightened candle went out
When Lazarus rose from the dead…

1949

Магдалина

I

Чуть ночь, мой демон тут как тут,
За прошлое моя расплата.
Придут и сердце мне сосут
Воспоминания разврата,
Когда, раба мужских причуд,
Была я дурой бесноватой
И улицей был мой приют.

Осталось несколько минут,
И тишь наступит гробовая.
Но, раньше чем они пройдут,
Я жизнь свою, дойдя до края,
Как алавастровый сосуд,
Перед тобою разбиваю.

О, где бы я теперь была,
Учитель мой и мой Спаситель,
Когда б ночами у стола
Меня бы вечность не ждала,
Как новый, в сети ремесла
Мной завлеченный посетитель.

Но объясни, что значит грех,
И смерть, и ад, и пламень серный,
Когда я на глазах у всех
С тобой, как с деревом побег,
Срослась в своей тоске безмерной.

Magdalene

I

Comes night, my demon seems impatient, -
My punishment for past offense.
The memories of dissipation
That drain my heart are still intense.
A slave to men's imagination,
I was a fool who had no sense
And streets were then my consolation.

I'm left with minutes of sensation
Before the somber hush descends,
But in the span of their duration,
Upon the brink, I'll drop, entranced,
My life without hesitation,
As though a jar out of my hands.

Without You, where would I be,
My Savior and my Instructor,
If late at night, eternity
Was not out there to wait for me,
Just like the rookie seemingly, -
A customer that I've attracted.

But, pray, do tell me what is vice,
And sin, and death, and hell, and burning,
When right before their very eyes,
Like trees, we've grafted in our lives
Through my immeasurable yearning?

Когда твои стопы, Исус,
Оперши о свои колени,
Я, может, обнимать учусь
Креста четырехгранный брус
И, чувств лишаясь, к телу рвусь,
Тебя готовя к погребенью.

And Jesus, when Your feet I press
Against my knees, with gentle movements,
I'm only learning to caress
The heavy cross against my chest,
I reach to You and feel so blessed,
Preparing You for the entombment.

Магдалина

II

У людей пред праздником уборка.
В стороне от этой толчеи
Обмываю миром из ведерка
Я стопы пречистые твои.

Шарю и не нахожу сандалий.
Ничего не вижу из-за слез.
На глаза мне пеленой упали
Пряди распустившихся волос.

Ноги я твои в подол уперла,
Их слезами облила, Исус,
Ниткой бус их обмотала с горла,
В волосы зарыла, как в бурнус.

Будущее вижу так подробно,
Словно ты его остановил.
Я сейчас предсказывать способна
Вещим ясновиденьем сивилл.

Завтра упадет завеса в храме,
Мы в кружок собьемся в стороне,
И земля качнется под ногами,
Может быть, из жалости ко мне.

Перестроятся ряды конвоя,
И начнется всадников разъезд.
Словно в бурю смерч, над головою
Будет к небу рваться этот крест.

Magdalene

II

The people are preparing for the feast.
Away from the commotion and the stir,
From a bucket resting on my knees,
Carefully I wash Your feet with myrrh.

There I grope and cannot find Your sandals,
Tears have blurred my tired gaze.
Covering my eyes as though a mantle,
Strands of hair have fallen on my face.

I have placed Your feet upon my hem.
Jesus, with my tears, I washed Your legs.
Buried them into my hair. On them,
I have tied the beads right off my neck.

I foresee the future so detailed,
Just as if You've paused it by my face.
Now, it seems, I'm able to unveil,
Like a sibyl, what will soon take place.

In the temple veils will fall tomorrow.
We shall gather tightly by the wall.
Under us, the earth will shake with fervor,
Maybe, out of pity for my soul.

Troops will then begin their reformation
And the cavalry will march ahead.
Like a twister in the fury stationed,
The massive cross will rise up overhead.

Брошусь на землю у ног распятья,
Обомру и закушу уста.
Слишком многим руки для объятья
Ты раскинешь по концам креста.

Для кого на свете столько шири,
Столько муки и такая мощь?
Есть ли столько душ и жизней в мире?
Столько поселений, рек и рощ?

Но пройдут такие трое суток
И столкнут в такую пустоту,
Что за этот страшный промежуток
Я до воскресенья дорасту.

1949

By your feet, I'll fall down on the ground.
I will bite my lip and grieve my loss.
Your embracing arms are stretching out
For too many up against the cross.

Just for whom is all of this extent?
All this suffering, this might, these nails?
Oh, how many souls are on this land?
Oh how many cities, rivers, dales?

Before long, three days will come to pass.
They will push me into a regression.
I will wait and finally, at last,
I will come to see the resurrection.

1949

Гефсиманский сад

Мерцаньем звезд далеких безразлично
Был поворот дороги озарен,
Дорога шла вокруг горы Масличной,
Внизу под нею протекал Кедрон.

Лужайка обрывалась с половины.
За нею начинался Млечный путь.
Седые серебристые маслины
Пытались вдаль по воздуху шагнуть.

В конце был чей-то сад, надел земельный.
Учеников оставив за стеной,
Он им сказал: "Душа скорбит смертельно,
Побудьте здесь и бодрствуйте со мной".

Он отказался без противоборства,
Как от вещей, полученных взаймы,
От всемогущества и чудотворства,
И был теперь, как смертные, как мы.

Ночная даль теперь казалась краем
Уничтоженья и небытия.
Простор вселенной был необитаем,
И только сад был местом для житья.

И, глядя в эти черные провалы,
Пустые, без начала и конца,
Чтоб эта чаща смерти миновала,
В поту кровавом он молил Отца.

Смягчив молитвой смертную истому,
Он вышел за ограду. На земле
Ученики, осиленные дремой,
Валялись в придорожном ковыле.

The Garden at Gethsemane

The distant stars were shining overhead.
Their light was cast upon the curving road.
The road was laid around Mount Olivet.
The Kedron brook was flowing down below.

The meadow was cut off right in the middle
And there the Milky Way came into sight.
The grayish olives in their silver glitter
Would try to climb the sky into the night.

There was a garden. Slowly, He approached
And leaving His disciples by the wall,
He said to them, "Wait here for Me. Keep watch.
I sense a fatal torment in My soul."

He turned away without exasperation,
As though from what was borrowed in the past,
From both supremacy and domination,
And now, He was a mortal, just like us.

The widespread darkness now appeared to beckon
Into oblivion, into the barren space.
The vastness of the universe was vacant,
The Garden was the only living place.

And looking at these chasms in the sky,
So empty, limitless, He felt a sudden dread.
So that the cup of death would pass Him by
He begged His Father, wet with blood and sweat.

With prayer softening the deadly languor,
He slowly headed back and saw, appalled,
As His disciples, with exhaustion anchored,
Were sleeping on the grass beside the wall.

Он разбудил их: "Вас Господь сподобил
Жить в дни мои, вы ж разлеглись, как пласт
Час сына человеческого пробил.
Он в руки грешников себя предаст..."

И лишь сказал, неведомо откуда
Толпа рабов и скопище бродяг,
Огни, мечи и впереди — Иуда
С предательским лобзаньем на устах.

Петр дал мечом отпор головорезам
И ухо одному из них отсек.
Но слышит: "Спор нельзя решать железом,
Вложи свой меч на место, человек.

Неужто тьмы крылатых легионов
Отец не снарядил бы мне сюда?
И волоска тогда на мне не тронув,
Враги рассеялись бы без следа.

Но книга жизни подошла к странице.
Которая дороже всех святынь.
Сейчас должно написанное сбыться,
Пускай же сбудется оно. Аминь.

Ты видишь, ход веков подобен притче
И может загореться на ходу.
Во имя страшного ее величья
Я в добровольных муках в гроб сойду.

Я– в гроб сойду и в третий день восстану,
И, как сплавляют по реке плоты,
Ко мне на суд, как баржи каравана,
Столетья поплывут из темноты"...

1949

He woke them up in rage: "Almighty deemed
You worthy of My presence, - you offend Him.
The hour of the Son of Man is here.
Into the hands of sinners, He'll surrender."

Just as He said this, out of nowhere, stormed
A mob of slaves, and wanderers assembled.
Lights, swords and Judas walking to the front, -
A traitor's kiss upon his lips still trembled.

And Peter gripped his heavy sword. Unsettled,
He cut off someone's ear in the discord.
He hears: "This clash can't be resolved with metal!
Good man, I say to you, put down your sword.

Oh, do you think My Father wouldn't send
The winged legion to protect Me here?
They'd never touch a hair upon My head, -
Without a trace, My foes would disappear.

Know that the book of life has reached that page,
More valuable than all the blessings sent.
What's written in the book cannot be changed,
Then let it all come true, I say. Amen.

You see, My time has reached the final hour.
Continuing, it may alight in gloom.
Thus, in the name of His majestic power,
Accepting agony, I'll step into the tomb.

I'll step into the tomb soon overburdened,
And on the third day, I'll ascent. Into my sight,
As though in a procession for my verdict,
The centuries will flow out of the night..."

1949

One of the greatest poets of the Silver Age, **Boris Pasternak** (February 10, 1890 - May 30, 1960) became known in the west after he was awarded the 1958 Nobel Laureate in Literature and was forced by the Russian authorities to decline the prize. This scandal won him a large audience in the west and his novel, Dr. Zhivago became an instant success. However, contrary to popular belief, Boris Pasternak has never actively rebelled against the Soviet regime. His poetry has always reflected his inner self and was not dictated by the atmosphere of the epoch. In Russia, where the novel, Dr, Zhivago, had been banned until the late 1980's, Boris Pasternak was primarily known for his work as a poet. Boris Pasternak, whose first true love was music, brings a unique sense of melody to his poetry. Barely a whisper, one almost needs to overhear the subtle song in his words. It is this quality of his poetry that sets him apart from his contemporaries and makes his work moving and unforgettable.

CPSIA information can be obtained
at www.ICGtesting.com
Printed in the USA
LVHW092057091220
673728LV00008B/1694